JN436758

특별히

________________님께

이 소중한 책을

드립니다.

문용길 시집(詩集) 6

하나 잃고
둘 얻는 世界로 들어오다

하나 잃고 둘 얻는 세계로 들어오다(문용길 시집 ⑥)

2012년 7월 15일 초 판 1쇄 인쇄
2012년 7월 20일 초 판 1쇄 발행

저 자 • 문 용 길
발행인 • 조 경 혜
발행처 • 도서출판 그리심
156-763 서울시 동작구 사당5동 196인정 B동(B01)

등록번호 • 제 7-258호(1998. 4. 23)
출 판 사 • 전화 523-7589 팩스 523-7590
홈페이지 • http://grisim.biz
전자우편 • grisimcho@hanmail.net

값: 표지 뒷면에

ISBN 978-89-5799-302-6 04810
ISBN 978-89-5799-267-8 (세트)

문용길 시인은

남성고등학교를 졸업하고
총신대학교, 총신신학대학원을 나와
운회교회와
군산영광교회를 거쳐
서울 사당동에 있는
한마음교회에서 지금까지
목양하고 있다.

인사말

여름이 깊어갑니다.
숲과 물이 우리를 부르는 계절입니다. 이 뜨거운 여름철에 6집을 내는 기쁨 또한 큽니다. 다 은혜요 돕는 분들의 사랑의 수고로 여기까지 왔습니다.
특별히 지금까지 읽어주신 분들의 관심과 사랑으로 여기까지 오게 된 것 인정하고 감사드립니다.
나는 나 자신의 변화와 성숙으로 더 나은 인간 내면의 깊은 세계를 표현하고자 하는 열정을 키워갈 것입니다.
격려와 애독으로 관심을 가져주시면 시작한 일에 좋은 결과가 있을 것입니다.
지금도 주위에서 협조하기에 내일의 목표를 향해 한걸음 한 걸음 떼고 있습니다. 이 모든 것 다 감동으로 이끄시는 성령님의 은총을 깊이 새깁니다.

내가 가꾸는 화단이 있습니다.
봄철에는 소망으로 다가오고 여름철에는 짙은 녹색의 분위기로, 가을엔 겨울준비의 메시지를 줍니다. 이러한 변화가 나에게 각별합니다. 이런 변화가 詩作의 세계로 이끌어 줍니다.

시인에게 꿈은 거창하지 않습니다. 눈에 비치는 대로 마음에 새겨지는 그대로 문자로 표현히고자 때로는 용기도 내보이기도 하지만 영 쑥스럽습니다.
그러나 6집을 읽으시는 분들의 마음에 위로가 있기를 기원합니다.
이 여름철에 건강을 빕니다.

2012. 7. 4

문 용 길

주제 시

감긴 눈으로 본다

이런 일이 일어나리라
전혀 예상하지 못하고
빛과 단절되어 흑암 속에 갇혀
깊음 속으로 표류하는 자신을 보며
절망가운데서 울부짖으나
누구하나 손 내밀지 않는 공허함에
죽은 목숨이란 절박감이 다가오다

죽은 듯 보내는 하루하루의 두려움
밝은 빛의 세계에서
보이는 것에 의존하고 살아온 경험이
목숨이 붙어있는 나를 옥죄고 있다
이것은 어둠의 터널 속을 지나
더 찬란한 빛의 세계로
인도하는 길임을 알지 못하고

내 귀는 나팔 통처럼 열려져 있어
세미한 음성까지 듣게 되고

손끝에 닿는 것마다 다 읽게 되는
새로운 눈을 얻게 되니
하나 잃고 둘 얻는 세계로 들어오다

보지 못하나 마음을 읽게 되고
귀로 들어 상대방의 감정을 보며
손끝으로 변화의 세계를 감지하니
감겨진 눈을 새롭게 여시는 은총이
또 다른 빛의 세계로 들어가게 한다
내게 주신 이 세계를 누가 알랴

목 차

내 안에서

그대 그리고 나
내가 가야 할 길
나 이런 사람이야
눈을 감고 보는 세상
졸장부
결단
내 인생 구두점으로 쓰다
옛 일 / 만남

가족 안에서

아내와 딸
나 엄마가 됐어요
축복
여인
여자의 보답
아내의 세월
애처가
슬픔을 묻어두다
안주인
그 목소리 내 귀를 열다
母情
친정집
내 아내의 적들
대화
장터에 핀 모정
結婚 主禮辭
인생
죽어도 좋아
어머니의 기도
부부상

신앙 안에서

효도
주일 오후
부흥집회
아침기도
선물膳物
유다 넌 자라리
편지 읽으며
지워지는 기억
빌레몬
꿈
가슴으로 낳은 기쁨
당신은 선물입니다.
아나니아와 삽비라

여행 중에서

감사 하나님의 처방
여행(1)
여행(2)
나이탓일까
여름 수련회
축복
기다리는 아침
Breakfast
호텔
신전神前에 엎드리듯
빈부귀천
아- 하롱베이
남극 여행
형제의 피를 뿌렸으니

자연 속에서

초여름
봄날에
벌써
옥상에 누워
환희
낚시
갈대 숲
배꽃 아래서
심은 대로 가두리
구름 위로 나르다

인생 경험을 통해

그때 가난은 힘이었다
인생순서
기다림
出生
관계
思想
약자 편에 선다더니
말
잃을 때 잊을 때
신문
자판기
새벽손님
언젠가는
잊지 말라

제 1 부

내 안에서

1
그대 그리고 나

어언
우리 만난 지 삼십여 년
귀밑머리 회색으로 물드는
중년이 되어서야
지난 시간을 돌아본다

아침에 일어나보니
자신도 알아볼 수 없는
노인의 모습에
마법에 걸린 것이 아닌가
황당한 모습이지만
우린 여전히 삼십여 년 전
과거 추억 속에 살다가
현실에서 본 것뿐이지
그대 그리고 나

긴긴 세월을
사랑으로 붙들지 못하고
그냥 흐르도록 놓아버린

그 긴 세월이 허무하여
등 돌리고 서서
독백하는
그대 그리고 나

2
내가 가야 할 길

나 자신
예수님 믿는
신자가 된 것을 알게 된 후
드러나지 않게 고민이 되는 것이
하나가 있다
도대체 나보고 어떻게 살라는 것인지

성경의 말씀은
좋은 말씀일 뿐이지
나에게 절실하게 다가오지 않고
나와는 거리가 멀어
늘 가슴에서 떠나있었지
아주 어려서부터
교회를 다닌 나에게는 그랬어요

세월이 흐르고
삶에 체험이 한 켜 한 켜
내 가슴에 쌓아지면서
늦게 깨달았으나 보이기 시작 했어

그게 바로
아브라함의 삶이고
예수 그리스도의 삶을 사는 것이고
바울이 실천한 삶이었어요

너는 복의 근원이 되어라
그래서 아브라함 너를 불렀느니라
먼저 남을 대접하고
원수를 사랑하고 나를 따르라
원수가 주리면 먹이고
목말라하거든 마시우라
너를 미워하면 사랑으로 대접하고
너를 핍박하면 축복으로 갚으라
그래서 그로 너에게
속수무책이 되게 하는 것이다

진정 이것이 내 삶인데

3
나 이런 사람이야

당신은 누구요
당신은 어떤 사람이요
누군가 물으면
나를 누구보다 잘 알기에
부끄럽지 않은 대답하고 싶은데

나 이런 사람입니다
말하면 듣는 사람들이 공감하는
솔직히 나도 듣고 싶은
그 말을 하고 싶다

형제 서열 일곱 번째 태어났어도
입만 여시면 어머니 하시는 말씀은
너 낳다가 죽을 뻔 했다 하셔서
이해가 안 갔는데
아내 첫 아들 낳다가
며느리 첫 손자 낳다가
하마터면 죽을 뻔 했다는 말 듣고
이것이 혈통인가 생각도 했다

본시 남 괴롭힐 생각 없이 자랐고
그러나 자라면서 맞고 들어오면
분하고 아쉬워 잠 못 이루는 것
남다를 바 없을 것이고

공부 일등 하는 사람이나
끝까지 해 먹으라는 배포가
그것이 내 모습은 아니다
내 생각에 좋게 봐주는 것이지
여전히 이기적이며
남이 잘되면 즉시 칭찬 격려보다
한 템포 늦추어 생각하니
아무래도 내 모습 수정이 필요하다
그래서 이런 말하고 싶다
나 이런 인간입니다
누가 뭐래도

4
눈을 감고 보는 세상

눈을 감았다
뜨면
보이는 것만 보이기에

귀를 닫았다
열면
지나가는 바람도 들리기에

입을 닫았다
열면
내 생각만 중언부언하기에

두 손을 들었다
모으면
내미시는 손 잡으려하기에

감고
닫고
두 손 들면 보이는 것을

5

졸장부

남자가 돼 가지고
이런 말을 들으면
틀림없이 졸장부라는 소린데
쿵하고 남자의 자존심 땅바닥에
굴러 떨어지는 소리
본인 가슴으로만 듣는다

그러려면
일찍부터 가르칠 일이지
아무런 가르침 없이 자란 우리는
대책 없이 당하는 꼴인데
이 땅에 남성들이 기죽어 사는
이유 중 하나가 아닐까
혹 여성 중에 나 기죽어 한다면
그 수 얼마나 될까

모친 말
남자는 아내의 허물을 말하지 않는다
남자는 한 가정의 기둥으로

정신적 육체적 책임이 있으며
네 아들의 존경을 받는다면 확실하다

글쎄
이런 마음으로 사는 것도
졸장부라는 생각이 드는 것은
내 본시 소심함 때문일까
아 남자로 태어나 할 일도 많은데
그래 졸장부는 면하자

6
결단

나 한 인간으로 살리라
가진 것 나누며
슬픔도 나누며
잘될 때 박수치며
우리 같은 꿈을 꾸며

나 한 인간으로 살리라
추한 것은 감추고
생각과 말
그리고 행동까지
하나를 이루고

나 한 인간으로 살리라
이웃이 행복하도록
기도하며
간섭하지 않으며
자유로운 삶 살도록 도우며

나 한 인간으로 살리라
그분의 입이 되고
향기 되고 모습 되어
눈 감아도 떠오르는
그분이 생각나도록

7
내 인생 구두점으로 쓰다

긴
방황에
마침표 찍고 .
(　) 열고
그 동안 부족했던 것
그 안에 써넣고
가슴에 새 결심 새기며
아 -
나는
새롭게 제2의 인생을 살리라 ! 하고
이 느낌표를 찍으면 !
야구경기에서 홈런을 치는
내 모습 보일 수 있지 않을까?
그러나
다행히도
숨표를 찍을 수 있어 ,
잠시 숨 고르고
다시 의지를 불태우며
날마다 개혁의 고삐를

늦추지 않을 때 나는
많은 느낌표 찍을 수 있게 되리
! ! ! ! ! ! ! !

8
옛일

어느 날인가
확실하진 않지만
문득
눈앞에 떠오르는 사연

누가
내 기억의 금고를 열고
끄집어내어
펼쳤을까

옛일을
다시 보게 되어
이 즐거움이 제법 쏠쏠해
이제 보니

그리고
그 옛일이
지금은
날 지탱해 주고 있어

9
만남

세상에서
누굴 만나느냐
이것은 성공인생의 관건인데
만남이 이뤄지는 인생광장에서
난 이를 위해 무엇을 준비했을까
무슨 노력을 했든가

누굴 만나느냐가
삶의 의미를 바꾸는 것인데
부모 만나 태어나고
형제 만나 이해관계 터득하고
이웃 만나 나누며
적을 만나 평화를 준비하는데

만남을 거부하는 어리석음을
되풀이하는 삶을 버려야 하는데
이 평범한 진리에서 벗어날까
염려가 된다

나 주님을 만나
내 인생을 하늘에 연결하는
꿈을 이미 이루었는데도

제 2 부

가족 안에서

10
아내와 딸

아내가 그렇게도 원했던 딸인지라
나이 먹어가면서 모녀가
더 각별한 관계로 변해 은근히 캥긴다.

모녀의 대화가 길어지고
간간히 웃는 소리도 들리면
가만 내 얘기를 하는 것만 같다
그래서 두 눈과 귀를 열고
투시하듯 꿰뚫어 보고 있는데
문이 열리며 두 사람이 나온다
전혀 날 의식하지 않아 머쓱해진다

이토록 모녀관계는 돈독한데
뉘 집이든지 부자관계는 영 시원찮다
대화면 대화 마주보는 시선이면 시선
도무지 조화라는 것을 찾을 수 없다
이제야 새삼스레
父子有親의 가르침을 깨닫고 있다

그런데 모리아 산으로 향하는
아브라함 이삭은 무슨 이야기 나누며
그 긴긴 사흘 길을 동행했을까

11
나 엄마가 됐어요

하나님
내가 엄마가 될 수 있을까
이것은 자라면서 숙제였어요
오늘 아이의 첫 울음을 들었을 때
눈에서 불이 번쩍하며 나 엄마가 됐어
마음 깊은 곳에서 이 외침 들렸는데
오늘 내 숙제를 풀어주셨어요

하나님
늘 엄마의 사랑 앞에서
언제나 잊지 않고 갖는 질문인데
내 몸이 두 쪽이 나는 고통과 함께
엄마가 되었다는 마음속의 희열은
온통 분홍빛으로 칠한 세상을
보는 기분이었어요

하나님
엄마가 되고서 감사드립니다
지금까지 진 엄마의 사랑의 빚은

아이에게 되갚아가면서 살겠어요
그리고 이제부터 하루가 다르게
나는 어머니가 되어 갈거예요.

2012. 3. 15　출산한 자매를 생각하며

12
축복

예음이 엄마 등장입니다
우리 다 같이 일어나
박수치며 환영합시다

이 세상이 달라졌어요
새 엄마가 태어났거든요
지혜로운 엄마가 될 겁니다
그래서 우리는 환영합니다
그리고 축복합니다

코에 기운을 불어넣으셔서
인간으로 생령이 되게 하신
주님이시여
오늘 탄생한
새 엄마에게 복 주옵소서
새 생명을 축복하고
주님 깊은 감동으로 보살피어
세상을 진정 복되게 하는
엄마가 되게 하소서

13
여인

나 남자로서
아무리 생각해봐도
여자는 아름답고
어머니는 위대해
온 몸이
머리끝에서 발끝까지
일시에 폭발하는
그 고통을 참고
도리어 힘으로 바꾸어
한 곳으로 모아
생명을 탄생시켰으니

여인은
아름답고
그리고
놀랍고 놀랍도다

이 여인을
아남의 갈비뼈로 민들이

그 곁으로 다시 이끄신
창조주이시여
영원히 영광과 경배를
받으실 분이로다
하나님은 위대하시도다

아 내가 복되도다
이분을 아버지라 부르도록
허락받았으니

이게 꿈인가 생시인가

14

여자의 보답

네 아내 큰 일했다
네 혈통을 자손대대로 이어갈
첫 아이를 낳았으니
곁에서 보기에
거룩하게 보이고
우아한 모습이며
온 세상을 얻은 듯한
얼굴에 쓰인 그 만족감이라니

이제 넌
무거운 책임이 지워졌다
더 뜨겁게 사랑해야 하는
그렇지 않으면
그 보답 고스란히
자식에게 되돌아가거든
남편의 사랑만큼
자식을 사랑하고
남편이 하는 만큼
자식에게 깊은 관심 보여야지

좋은 엄마로 보여주고 싶지
그러면 넌 좋은 남편이 되어야 해
지혜로운 엄마 만들고 싶지
그럼 넌 현명한 낭군이 되어야지
건강한 엄마가 되는 것을 원해
옆에서 힘을 덜어주고
대화의 장場을 만들어요
자손대대로 혈통 이어지길 원하지
그러면
너 먼저 아버지가 되고
네 아내를 어머니로 만들어라
여자는 너 하는 만큼 보답한다

15

아내의 세월

얼굴에 비치는
아내의 주름살 그 굴곡에
음영이
지난 힘든 시간만큼
깊이 패여 있다

힘들면
내 뱉는 소리도
신음에 가깝게 들려
가슴이
철렁 내려앉기 일쑤다

죽음의 그림자
내려앉을까 싶어
나오는 말 참고 웃음으로
모깃불 연기 쫓듯 하는데
아내는 초연하다

16
애처가

가까이
내 입에 당신의 귀를 대봐요
내 진심을 말하리다
난 한 번도 당신과 결혼한 것을
후회해 본 일이 없다는 게 신기해요
그러나 사실 후회한 일이 없으니
신기하게 생각할 기회도 없었지만

안타까운 것
아니 후회스러운 것은 있지
우리 둘만의 로맨스를 가지지 못해
아쉽고 후회스러워
지난 세월 붙잡아 곁에 두고
싶은 때가 한두 번인가
또 그때 왜 그랬을까
그 말이 튀어나오기도 하고

언젠가 입만 열면
이혼하자 이혼하자 우리 이혼하자

나만 보면 이 노래를 부를 때
난 속으로 하지도 못할 사람이면서
그래도 맞불작전을 써
그래 하자 했더니
다신 듣지 못하는 말이 됐어
그때 당신 왜 그랬어요
환상은 로맨스의 부재로 깨지고
가는 인생이 아쉬워 시위 한 거였어
이혼은 결혼 전으로 가는 코스 아니야

지금까지 한 말은
진실로 진실로 사실인데 나도
애처가의 반열班列에 설 수 있을까요

17
슬픔을 묻어두다

형
비록 땅 한 평 차지하고 있지만
병원 침상보다는 편하지
평소엔 그렇게도 침대가 싫어
온돌 맨 바닥에서 살았지
마음이 늘 여기 형 곁에 있어

형
온통 주위가 봄을 맞아
꽃으로 뒤덮여 기분은 좋지
그래서 다행이다 싶기도 하고
그런데 봉분들은 남은 가족들의
슬픔 담아놓은 사발 같아
들추면 그대로 쏟아질까봐
조심스레 옆을 보며 걸었어

형
결혼기념일 오월 초여드렛날
형수님하고 찾아와서

정리된 산소 보아도 억울해
형님 생각하며 쓴 시를 읽으며
터지는 울음 간신히 참았어
그 슬픔 가슴에 품기 벅차
그대로 형 곁에 묻어두었어

18
안주인

안주인
이렇게 부르면 지체 높은 여인
남편에게 적당히 대우를 받으면서
아랫것들에게 상식 이하의 힘을
휘두르지 않을까 의구심 갖게 하는
여인의 권위를 나타내는 호칭

안주인
여성해방 여성운동에 담을 쌓고
아방궁 같은 깊고 은밀한 곳에서
특권을 누릴 것 같아서
쉽게 이 호칭 끄집어 내지 못하는
범접하기 어려운 이웃 여인

안주인
이제는 바깥세상이 더 현란하고
풍요로우며 변화무쌍하여
스스로 벽을 허물고 밖으로 나와
자유부인으로 변신하고서
우먼파워를 행사하는 내 가족

안주인
지금은 우리 귀에서 멀어진 말
예스럽고 고리타분해 들으면 좀 그래
역사는 여기까지 도왔으니 내친 김에
안주인 그 지도력 세상에 알려지도록
새 세상 위해 한 번 더 변신해 보지

19
그 목소리 내 귀를 열다

다정히
그리고 풀잎위에
투명한 진주같이 맺혀있는
아침 이슬처럼
뜨인 눈에 보이는 소리

빛의 세계 속에
하늘과 땅이 열릴 때
들린 처음 소리같이
내 귀를 여는
그 여인의 목소리

오늘도
귀에 익은 음성을 따라
엘리베이터에 오르면
내 곁에 행복이 다가온다
얼굴에 미소를 띤 채

내 귀에 남겨진
그 목소리 여운 따라
인도하는 대로
걷다 보면
나도 모르는 사이
열린 문 앞에 선다

20
모정母情

딸 낳고
그렇게 기뻐하더니
여전히 정을 쏟는
내 아내의
分身 같은 딸

입덧 심한
딸의 투정에도
얼굴 표정 변치 않고
속으로 삭히는
聖母 같은 아내

출산하는 날
짐을 좀 덜게 되련만
손꼽아 기다리지 않고
딸의 입에 넣을 것
料理하는 아내

21

친정집

친정집에
오면
어미 뱃속에 있을 때처럼
그리도 편한지
그대로 널브러진 채
달싹도 않는다

입맛은
당기는지
밥 먹을 때도 군소리 없고
새끼조차도
관심을 접은 채
자기에게만 몰두한다

내 딸에게
내 집은
아내의 뱃속 같은가
편하고 정겨운지
자기 집 갈 때는
발걸음이 조금은 느릿하다

22
내 아내의 적들

눈 길 위에서 미끄럼 타다
어린 나이에 발목 부러지고
나이 들어 첫아들 낳고
등에 업고 가다가 넘어질 때
아들 다치지 않게 한다고
길바닥에 먼저 엉덩방아 찧고
그만 자기 골반 뼈에 금이 가
오랫동안 고생하더니
육십이 되어 팔목 뼈가 부러지고
그 이듬해 고관절이 부러져
죽음의 문턱까지 갔다가 오더니

요즈음은 족저근막염이라는
병으로 몹시도 고통스러워한다
간수치는 이천을 오르내리며
죽음의 문턱까지 갔다 왔는데도
위 무력증으로 약도 복용 못하고
이미 천식에 포위된 지 오래되었고
화학 색소 알레르기에 붙들려 있어

적에게 포로 되어 꼼작 못하는
풍전등화 같은 城의 모습이다

이렇게 내 아내는
늘 죽음과 가까이 있는데
그 고통에 무관심한
나 자신이 적이 아닐까 싶어
오늘도 입도 열지 못하고
눈치만 살핀다

23
대화

할아버지 할아버지
할아버지도 하늘나라에 가지요
그래 할아버지도 간단다
그러면 그 때 저랑 꼭 만나요
하늘나라에서 만나요
꼭 만나요
그래 알았다
이 말이 날보고 죽으라는 거여
신경 쓰여 손자 말이라도

할아버지
하늘나라는 어떻게 가요
예수님을 믿고
그 믿음을 따라 살면 가게 된다
예수님을 믿으면 가요
그래 그래 가고 말고지

왜 가게 되나요
우리 인간을 사랑하사 베푸신

하나님의 그 크신 은혜란다
제가 이해하기 어려우나
할아버지 말씀을 믿을 거예요
그래 믿어야지 그리고 만나자
하늘나라에서
사랑한다 내 손자 순하야
아니 언제 저렇게 컸노

24
장터에 핀 모정

이 날은 기다리고 기다린
늘 생각이 여기에 꽂히는 곳
어릴 적 추억의 장터
오일 만에 열리는 오일장
우리 집과 불과 30분 남짓 거리
장터로 향할 때 동네를 벗어나는
한 마리의 새처럼
자유를 홀로 만끽했어
그때는 먹을 것의 풍요로움을
거기서 찾았고 허기 채우는
그것이 그렇게 맘에 들었다
그 오일장이

어머닌 왠지 나와 함께
장에 가는 것 기뻐하지 않으셨지
그래서 몰래 뒤 싸리문 여시고
가시다 내 눈을 벗어나지 못해
울며 따라갈 때면 뒤돌아보시고
오라는 손짓 하실 때 기뻤어

어머니 왜 그때
날 떼어놓으시려 했나 궁금해요
아들아 손에 든 돈 뻔한데
빈손으로 장터 빠져나오기가
너한테 미안해서 그랬지

25
결혼 주례사

결혼 축하합니다
두 사람은 매우 잘했습니다
하나님이 짝을 지워주셨으니
하나님께 감사하고
남편과 아내에게도 자녀에게도
부끄럽지 않은 인생을 살면
행복한 결혼생활을 하는 것이니
이 시간 새롭게 결심을 해요
적어도 세 번은 기도하고

결혼이 무엇이냐 물으면
자기 답변할 수 있어야합니다
행복이 무엇이냐 또 물으면
역시 분명한 답을 하세요
날마다 그 생각을 키워 가면
확실한 결실 거둔답니다
오늘 두 사람의 맺어짐은
하늘의 뜻이니 거스르지 말고
예상 못한 일은 즐기며 살아요
결혼 축복합니다

26

인생

인생이 무엇이냐
사람들은 묻고 답하고
마구 쏟아내지만
내 가슴에 다가오는 답은 없다
내가 경험하는 내 세계가 절박하여

그러나
내 존재성을 공통분모로
가족 이웃 사명을 생각하다 보면
인생 그 자체가 축복이다
내 곁에 아내가
내 눈에 선한 손자가
내 손 마지막 잡아 줄 아들이
축복이다

이를 알게 하시고
이를 깨닫게 하시고
이를 주관하시는
내 곁에 계신 분 성령님이
내게는 정녕 축복이다

27
죽어도 좋아

이 외침이 몇 번이나
내 입에서 터져 나왔을까
아무리 기억해내고
손꼽아 헤아려 봐도
통 기억이 없다
오늘도 이 외침을 위해
하루를 꼬박 준비한다

주님 나는 온전히
구원의 확신을 깨닫고
천국 영원한 생명을 주신
그 복을 외치려한다

일생동안 아들 성공을 기원한
어머니는 그렇게 말씀하시던데
아 이제 죽어도 여한이 없다
그래도 아쉬움이 있다

나는 언제 외칠까
아내 사랑할 때
아니 불변의 사랑은 없으니
큰 소원 이루었을 때
아니 꿈같은 세상이니
그래 주님 앞에서
오케이

28
어머니의 기도

나 널 낳을 때
하나님께 다시 한 번 기도했다
아무 일 없이 순산하게 하옵소서
이렇게 기도하기를 세 번
첫 딸 낳고
둘째 셋째 아들을 낳아
하나님께 감사하며 길렀다

너희들을 키우며 깨달은 것은
혼자 자녀를 제대로 키울 수 없다는
이 사실을 뼈저리게 느끼고
본격적으로 주님 앞에
엎드리기 시작했다

대학원 시험을 앞두고 기도할 때는
나의 진심을 주님께 보여 드려야겠기에
통장 지갑 털어 감사예물로 드리고
이것 밖에는 드릴 것이 없는
나의 속사정을 아뢰고
응답을 간구했다

지금은 응답에 감사하며
남은 생을 편히 살 수도 있으나
나에게는 여전히 좌불안석이다
내 사정 다 아시고 응답하신
주님의 뜻은 깨달았는데
여전히 내민 손만 보이니
주님 제가 어떠하길 바라시옵니까
지금은 이렇게 기도하고 있다

제몫을 다하는 자식 대견하나
믿을 이가 주님 밖에 없나이다
이 고백이
나를 잠자리에서
다시 일으켜 세운다
오늘도

29
부부상

친구 같은 부부
남매 같은 부부

쉽게 발견할 수 없는
여필종부의 모본인 아내
돕는 아내로 만족하고
내 팔자는
두레박 팔자려니 믿고
남편의 성공만을
기원하는 아내

그런데
아직도 매 맞는 아내
거꾸로 매 맞는 남편도 있어
세상이 요지경인가
부부가 천차만별인가

여전히
친구 같은 부부
남매 같은 부부를
온통 머릿속에 그려 본다

제 3 부

신앙 안에서

30
효도

하나님
효도하면 왜 복을 주시나이까
불효는 징계의 잣대를 엄히 대시니
맨 처음 세우신 아담의 가정이
급히 먹은 선악과로 아버지와
무너진 관계 때문인가요

오늘도 나는 마음에 새깁니다
네 부모를 공경하라 그리하면
네가 땅에서 잘 되고 생명이 길리라
자녀들에게 이 말씀 가르치라 하셨으니

그런데 효도하라고는 못하겠나이다
자녀들에게 보인 과오가 분명하여
가르칠 만큼 얼굴이 두껍지 않습니다
두 분 떠나 효의 모본 보일 수 없고

하나님
효도하라는 뜻을 알듯 하오니
이렇게 하여 효를 대신하리이다
세상에 물들지 않게 가정 지키고
자자손손 하나님을 온전히 섬기며
평화가 가정을 덮도록 하리이다

31
주일 오후

새벽부터 긴장했던 하루가
예배 후 신도들 하나 둘 흩어지자
긴장감이 썰물처럼 달아난다
공허는 가슴을 뻥 뚫어놓았다

이렇게 주일 오후는 도적같이
좋은 것 챙기고 쓸모없는 것 남긴다
이 후유증은 월요일까지 계속된다

이때 조용히 묻는 질문이 있다
당신은 은혜 충만했습니까
질문에 대답할 자신이 없어
다시 눈앞에 성경을 펴고
성령님이 주실 말씀을 찾으면서
사무엘의 심정이 된다
주님 말씀하소서 종이 듣겠나이다
또 이렇게 한 주를 시작한다

32
부흥집회

초조하게 기다린 덕일까
위에서 떨어지는 메시지는
그대로 내 가슴에 꽂힌다
예전에 심령부흥성회 모습이다

그때는 참으로 귀한 기회여서
이때 인생의 반전이 이루어졌지
김익두님이 변하듯이
꼴통들이 달라져서 이웃 섬기듯
진정 마음의 변화와 함께
인생을 변화시키는 기회를
그땐 모두가 학수고대했어요
서울에서 오시는 목사님은
하늘에서 오신 분으로 모셨지

그런데 지금은 개나 소나
나 여기 있소 하고 설치며
개나발 부니 희소가치도 없고

교회는 소용돌이에 휘말리고
다 그렇다는 것은 아니야
그래도 진실한 목사님들 보면
나도 저절로 고개 숙여져요

겸손 비전 충성 용기로
하나 된 분 만나면
나는 바로 현수막 걸지
우리 심령부흥성회 열었으니
들어와요 문 열었을 때

우리는 기다린다
변화되길 갈망하는 사람들을

33
아침 기도

주님
새날이 밝았습니다
오늘도 새 생명으로 희열이 넘칩니다

주님
밤에 부르신 영혼이 부지기수인데
오늘도 이 땅에 서를 남겨두셨습니다

주님
이렇게 한 날 한 날 살아온 것이
오늘에 이어져 기억도 새롭게 뜹니다

주님
내일 일은 내일 염려할 것이니
오늘 내리시는 행복 잃지 않게 하소서

34
선물 膳物

웬 선물인가 호기심이 발동해
먼저 보따리를 풀었더니
내가 지금까지 받지 못한 것일세
고맙다기보다
왠지 가슴이 콩닥콩닥하는 것이
영락없이 좋아하던 소녀를
예상 못한 곳에서 만난 기분일세
이 기분 알겠느냐고

맨 처음 아내가 선물한 후로는
이런 선물을 받아보지 못했는데
이것 때문에 많은 돈을 없앴거든
그 후로 감시대상 품목이어서
내 돈으로 사고도 감추어 놓고
들키면 거짓말로 고비를 넘겼는데
내가 이런 귀한 선물을 받다니

이보다 더 귀한 선물을 받고도
이 마음이 아니어서 고민하고

이번 기회에 선물의 기쁨을
깊이 간직하기로 마음먹는다
선물 공개하라면 하지 카메라야
이것 말고 다른 선물이라고
아 내가 받은 최고의 선물 있지
예수님이지 아직도 놀라

35
유다 넌 차라리

부르라면 무슨 말로 부를 수 있을까
삼년 세월을 꼬박 칼을 갈다니
그가 사탄의 손짓 하나에 양심을 팔고
돈의 위력 앞에 서둘러 무릎을 꿇은
하나님의 뜻 거스른 파렴치한 인생아
약삭빠른 상혼의 노예가 저지른 최악

마음에 칼을 품고 따른 그를 향하여
내가 무슨 말을 해야 직성이 풀릴까

야 -
의리를 버린 배신자
악마의 꼭두각시
파렴치한 돈벌레
지옥에 밑바닥 떨어질 놈아
온갖 더러운 이름 다 뒤집어 씌워도
영 시원치 않네
누구보고 하는 소리냐
여기 너 밖에 없는데
음 혹시…

그런데
궁휼의 주님은 이렇게 말씀하신다
차라리 넌 태어나지 않았더라면

36
편지 읽으며

너의 정성어린
마음을 읽노라면
주님의 은혜인 줄 알고
감사하게 되지

오늘도
잠시 읽던 편지 내려놓고
고개를 들고 위를 본다

주님
우리 사이
다윗과 요나단의 우정이
바울과 디모데의 관계가
재현되기를 바라는 것은
우리의 욕심일까요

다시 이어지는 마음
조용한 수면에 던지는 돌처럼
잠시 소용돌이 만들고 진다
여진처럼 이어지는 파문

37
지워지는 기억

점점
희미해 가기도 하고
끊긴 필름처럼
연결되지 않는 스토리

그러다
위대한 발견인양
작은 기억에 소리 지르는
모습 보기에 안쓰럽다

이러다가
아무 것도 남지 않으리
깨끗이 다 지워진
하얀 종이처럼 되리
어머니 뱃속에서
세상에 나올 때
뱃속에서 일 온통 까먹듯
다 잊게 되리

잊어도
이것만은 안 되지
하늘나라에 가는 것
잊는 것
바로 망각은
하늘에 갈 채비

38
빌레몬

나는
빌레몬 당신을 존경합니다
소유가 풍성하나 교만하지 않고
오네시모의 일로 상처가 있겠으나
사도 바울의 말에 순종하며
골로새교회를 향한
뜨거운 열정을 가지고
주님의 기쁘신 뜻 이루는
빌레몬

나는
오늘 당신의
온유 인내 충성 헌신
깊이 내면에 감춰있는 사랑과 용서를
새롭게 배웁니다

나는 당신을 사랑합니다

39
꿈

이 백성들의 소원은
배불리 먹고 사는 것
6.25 후에 극심한 기근은 면하고
배불뚝이들이 양산되자
몸매 날씬한 것이 소원인 인구가 늘고
해외 유학생 늘어나고
기업 해외진출이 늘더니만
한국인 특유의 예술성이
세계 청소년의 이목을 집중시킨다
그들에게 코리아가 꿈

이념과 정치 경제로 이루고저
노력한 꿈은 다 물거품이 되었으니
이를 교훈으로 삼아야 할 일

진정 우리의 꿈은
복음화를 통한 세계평화이니
꿈을 이룰 자세는 기도

40

가슴으로 낳다

혈육을 중시하는 이 사회가
시간이 흐를수록 이 기쁨을 아는
이웃들이 늘어나 기쁘다

연약한 몸으로
이 귀한 생명을 키워
기른 정 잎에 감격해하는
인물로 만들어 낼 수 있을까
고민 고민하다가
결단하고 시작한 이 일에
고아를 버려두지 아니하시는
아버지 하나님의 은총으로
연약한 몸을 강하게 붙드셔서
일석삼조를 이루다

먼저 잘 자라고
다음엔 나를 엄마로 알고
이웃들에게 스스럼없이 전하며
자랑하는 기쁨을 누리고 있다

가슴으로 낳도록
인도하신 하나님은 위대하시다

41
당신은 선물입니다

이 선물을 받고 순간 멍했다

받는 순간 기뻤고
받으면 누구도 좋아할 선물이니
이 선물 준비하느라 얼마나 고심했을까
주머니 사정도 여의치 않았을 터
그가 나를 얼마나 좋아했으면
이 선물을 준비했을까 생각하다가
답례로 편지를 썼다

선물은
너 하나로 족해
앞으로 다른 선물은 신경 꺼

그리고 기도했다
이 선물 저에게 주시려면
사용기간을 늘려주세요
더 살기보다는 십년 뒤로 물려주세요
오십대 후반이면 족합니다
기기 사용이 쉽지가 않아서요

그런데
뜻밖의 응답을 받았다
너 살맛나지
그 사람은 너에 대한 보상이다

하나님
아둔한 종은 이제야 깨달습니다
세상에 하나밖에 없는 선물을 위해서
물질도 명예와 규모 있는 교회도
저에게는 허락지 않으셨나요
오늘 새롭게 나의 선물이신 예수님
오직 한 분으로 만족합니다
감사합니다 감사합니다
이 배려 뼈에 새깁니다

42
아나니아와 삽비라

두 사람 다
돈에 애착이 그토록 강했을까
누가 시키지 않았는데
똑같은 대답하기 어렵거든
아무리 부부라지만
그래 불의한 일에 모의 말고
의로운 일에 의기투합했어야지

제자로서는 유다
부부는 아나니아와 삽비라
가장家長으로는 아간
이렇듯 오명을 남긴 사람들 중에
나발에 아비가일은 못될지라도
마지노선은 있어야 하는데

사실 형틀을 준비하는 분이 계셔
그분의 판단은 분명하고
그분의 심성은 냉성하며

그분의 깊으신 뜻은 정의이므로
그러니 정신 차리게

그분은 말씀하시지
젊어서 실컷 마음껏 놀아라
네 눈이 보는 대로
네 마음에 원하는 대로 행하라
그 뒷일은 나도 책임 못 진다
그러니 여보게
가졌을 때 선한 뜻대로 써요
있을 때 잘해
아니 내 것 가지고
내 마음대로 하겠다는데
웬 잔말이 많냐고
그렇담 할 수 없지만

제 4 부

여행 중에서

43
감사 하나님의 처방

오늘 유월 초파일
여러 친구들에게서
편지와 문자와 메일 그리고 전화를 받다
오늘 너무나 근사한 하루다

안부 전화며
나를 위한 친구모임을 주선한다는 연락이며
여행에 보태라고 성의를 보여주는 후배
감사의 나의 편지 받고 답장 보내는 목사님
일일이 다 쓸 수 없다

날마다 말로 감사를 심고
성의 표시를 물질로 하고
마음 깊숙이 간직한
감사의 고백으로
우리는 되받는 존재이니
감사 인사가 마음이고 보면 성경대로
친구에게 심을 것이
감사뿐이니
곧 하나님의 처방전이올시다

44
여행(1)

멀리 떠나고 싶어도
때로는 준비하는 게 귀찮아
머뭇거려진다
비행기를 타고
외국에 갈려고 하면
여행준비로 인한 스트레스가 크다
여권을 챙기지 않았을 때
낭패감이란 옆에서 보는 사람조차
그런 느낌에 빠진다
그냥 뚝딱 여권 한 장 달랑 들고
나서면 안 될까
하나님이 부르시면
사실 여권조차 필요 없는데

45
여행(2)

그토록 목매던
자기 일에서 훌쩍 떠나
먼 나라에 던져지고 보면
그 나라에 적응하려는 생각에
지난 일도 일시에 백지화
왜 그토록 매달렸을까
자성도 해보면서
한편 떠나는 연습이 귀한 것을
새롭게 체험해 본다
자기만의 세계에서
자기 소유에서
자기의 경험세계에서
자기 존재에서
훌쩍 떠나는 연습
이것이 여행의 취지가 아닐까

이것 연습하려고
비싼 여행비 내고
금쪽같은 시간 버려가며
이 고생을 한다
기껏 집 떠나면 고생이여
이것 한 마디로는
간에 기별도 안간다

46
나이 탓일까

베트남 여행길에
걸림돌이 많다
착각인지 나이 탓인지
아침에 생쇼를 하고서야
거금 오만원에 택시를 이용하는데
속이 불편하다
이제 먼 외국행은
접을 시기가 가까워오는 것일까
세심한 준비가 없는 탓일까
우여곡절 끝에
하노이 공항에 첫발을 디디고
서두르거나 당황하지 말자고
다짐하다

군 생활 때
파병되지 않은 것을
다행으로 여겼던 그 땅
그렇게 열린 하늘 길
이념이 사라진 후

자유 왕래길이 되어
그 때 파병 용사들처럼
이 나라 풍광을 기억 속에 담는다

47
여름 수련회

비행기로
멀리 수련회를 가면
늘 마음에
아쉬움과 민망함이 따른다
수련회 간판 달고
위장 수련회를 하는 것이 아닌가 해서

현지에 가면
피곤한 일정에
저녁 시간이 외롭기까지 한데
주객이 전도된 느낌이다

세미나 먼저하고
남는 시간 관광하면 되는 것을
관광하고 세미나하려니
우선 피곤하고
그 비싼 돈 드린 객실은
겨우 눈 붙이고 잠자는 것으로 족하다

주님은
한적한 곳으로 가서 쉬라고
하셨지만

48
축복

너희는
잠시 쉬어라 권면하신
목자장 예수 그리스도의 그 은혜와

이 땅에
휴식처를 조성하시고
수고하고 짐 진 자들을
초청하시어 위로하시는
성부 하나님의 그 크신 사랑과

베트남 미래를 바라보며
선교비전의 의지를 키우시는
성령님의 교통하심이
이 꿈을 소유한 백성들 위에
항상 있을지어다

아 - 멘

49
기다리는 아침

하노이의 밤
일정에 지친 몸
겨우 씻고 잠을 청하나
이국땅에서의 잠은
쉽게 다가오지 않는다

커튼 사이로 보이는
주위는 점점 더 어두워지는데
왠지 새벽이 기다려진다

새로운 이국정취도
하롱베이의 풍광도 보게 하소서
대지 위에
창조의 첫 장면 보여주시듯
우리로 에덴을 보게 하소서

열리는 아침
기다리는 이국의 정취로
인도한다

50
Breakfast

호텔에서 조반을 들 때
행복감이 날 감싼다
여행지에서 특히

그 나라 특유의 과일
부드러운 빵
이른 아침 마른 혀 축이는 주스
신선한 생선
잘 익힌 달걀 프라이
새하얀 식탁보 위에
정갈하게 놓인 음식들이
한 폭의 정물화다
잠시 묵상하고
첫 숟갈을 들 때의 기쁨이라니
동행한 여행객들의 담소가
나와 같은 마음이렷다

이른 아침에
밥상을 차리는
아내의 수고가 없어
더없이 행복하다

51
호텔

정갈한 분위기를 내는
정감 있는 인테리어
격식 있는 매너에
정성이 담긴 배려가 있고 보면
그것이 하루아침에 이뤄진 일이
아니어서 금세
전통의 분위기를 느끼게 된다

여행객의 마음과 몸을
휴식의 분위기로 몰아가는
매너 그리고 무드
여기서 호텔의 격이 만들어진다

보통 사람들의 낯선 대면을
정 깊은 대화로
만들어 내는 그 호텔
거기서
최고의 추억을 만들어 간다

52
신전神前에 엎드리듯

육지의 하롱베이
이 별명을 얻은 닌빈
이곳을 긴 시간 쪽배를 타고
밑바닥에 납작 엎드린 채
무려 두세 시간을
숨죽이고 낮은 굴속을 지나다

우리는 이런 모습으로나마
주님 앞에 엎드린 일이 있었는가

오십 칠 인의
단체 부복은 초유의 경험
베들레헴 말구유 기념성전에
들어갈 때 말고는
이런 일이 없었음을
부끄러운 마음으로 고백한다

베트남에서 있었던 일이다

53
빈부귀천

여행 중에도 은근히 나타난다
여유 있으면 흥청거리고 뻣뻣하고
호기 있게 물건 흥정하고
과시용 선심에 열을 올린다

여행경비 줄이려고 애쓰다보면
인색한 구두쇠 같고
안 그러면 쓰고 후회한다

현지사정에 어두운 여행객들은
가이드의 손짓에 움직이고 멈추며
주인에 이끌려 다니는 강아지처럼

그렇다고 혼자 다닌다
말도 안 돼 상상도 못할 일이지
지구촌인데 별일이야 있겠어

54
아 - 하롱베이

둥 둥 둥 둥
우렁찬 진군의 북소리
좌우 수많은 편대를 거느린
이순신 장군의 진격 명령이다
왜적들은 하나도 남김없이 처단하라
미끄러지듯 쏜살같이 노량 앞 바다를 달리며
눈에 불을 켜고 적을 향해 긴 칼 휘두르는 모습
매처럼 날쌔게
호랑이처럼 용맹스럽게
독수리처럼 여유롭게 호령하는
오 - 이순신 장군

경기도 땅 넓이에
흩어져 있는 섬 삼천은
그대로 이순신 장군이 이끄는 함대로 나타났다
장군 그 위용으로 왜구를 섬멸하였습니까
이곳을 찾은 나에게 이 환상은 축복이다

하롱베이를 만드신 분은 위대하도다
하롱베이 장관을 연출하시는 분은 놀랍도다
그러니 그 백성들이 홍해 앞에 절망할까
요단강 앞에서 땅을 치며 통곡할까
엘리야가 팔백여 바알의 무리를 두려워할까
엘리사인들 아람의 자객들을 보고 눈을 감을까
산헤립의 십팔만오천을 보고 히스기야가 기절할까
굴속에서 사자를 보고 다니엘이 오금을 못 펼까

주님이여
우리의 눈을 틔어
여호와의 군대를 보게 하소서
이 둘러 선 섬들이
우리의 호위천사와 비교할 수 있겠습니까
영안을 열어 주신 은총을 찬미합니다

55

남국 여행

남국하면 다녀 본 나라로
타일랜드 베트남 필리핀인데
똑같은 풍경이 우리 눈앞에 나타난다
잎 넓은 나뭇잎들
봄 여름 가을 없이 높다랗게 솟는 야자수
도시를 매우는 수많은 오토바이들
스치는 바람이 피부에 닿는 게 좋을까

때로 소나기가 식혀주지 않으면
뜨겁게 달궈진 땅 도리가 없을 터인데
갑자기 쏟아지는 빗줄기가 생수라
이국의 정취 속에서 한 가닥 위로다
이것마저 없으면 살기가 어려울 텐데
아내와 둘이 걷는데 예고 없이
스콜이 한 우산 속에 몰아넣는다
이곳에서 다정히 걷기는 첨이다

뛰지 말고 걸어라 그것도 천천히
가이드의 입에서 이 말이 늘 나온다

우리가 뛰거나 빨리 걸으면
그만한 대가를 치러야 하기에
오늘도 이 말을 들으며 시작한 관광이
선물을 사는 일정으로 끝을 맺는데
돈을 썼어도 손에 들린 것이 있고
가족에게 줄 것이 있어 흐뭇하다

56
형제의 피를 뿌렸으니

땀을 뿌리고
눈물을 뿌리고
이것도 모자랐든지
피까지 뿌린 이 베트남 땅이
어쩌면 내 나라 땅인지도 모른다

요즈음은
죽어도 많은 사람들은 땅에 묻히지 못한다
다만 까맣게 태워 재만 뿌린다
그런데 베트남 땅에는 끓는 붉은 피를 뿌렸다
어머니 부르며 피를 토했다
전우의 손으로 눈은 감겼으나
끝내 오열을 하며 피를 뿜었다
이 땅에

그가 이 땅에 누웠으니
내가 이 땅을 내 나라 내 땅이라 한들
감히 누가 비웃을 수 있겠는가

도시마다 내 나라 기업이
일찍이 하늘에 자리를 잡았고
이 땅은 대한민국의 땅이여 외치고
여기서 죽은 형제들의 피가 외치고
오늘 찾아온 우리가 외치고 있다
아 - 베트남
내 형제의 피가 뿌려진 땅
잊지 못해 찾아왔노라
다시 찾아오겠노라

제5부

자연 속에서

57
초여름

겨울 추위로 그토록 기다렸건만
초여름의 나른함과 무기력이
내 인생을 송두리째 낚아채는 것 같아
은근히 짜증이 나고 심통이 난다

에어컨에 눈이 가고
냉장고 안에 있는 음료가 유혹한다
어린 손자는 눈치 없이 졸라 마시는데
늙으면 안 된다는 말에 내색은 않지만
아이스크림이 눈앞에 어른거린다

극성스럽게 건강에 포인트를 맞추니
먹는 것 마시는 것 절제가 심하다
만나는 사람마다 다 건강 전도사다

초여름과 건강 그 대결의 긴장감은
벌써부터 나에게 스트레스를 주고 있다

계절마저도 인내심을 잃고 방황하며
나에게 당당하게 도전장을 던지니
종착역이 어디일까 먼 하늘을 본다

58
봄날에

요즈음 시선이 울타리에 붙은
작고 기다란 정원에 자주 꽂힌다

흙을 불끈 쳐들고 솟는 생명력
마른가지 매듭 매듭마다 내미는
어린 아이 손 같은 앙증맞은 새순
봄이라고 하기엔 좀 쑥스런 기온인데
목련은 벌써 하늘에 흰빛을 뿌린다

우린
싸늘한 봄기운에도 겨울로 치부하고
조금만 춥다 생각되면 서둘러 방을 덥혀
해마다 봄을 실종시키고 있는데
양지 바른 언덕에 덮인 눈 헤치고
샛노란 봄 빛깔로 물들이는 복수초가
우리의 봄의 감각을 일깨운다

이래가지고서야
재림의 징조를 느낄 수나 있겠는가

그래서 조용히 이 봄날에 외친다
겨울잠에서 깨어나 봄의 감각을 익혀라
지금 온 대지는 봄을 노래하고 있다

59
벌써

나 이말 쓰기 원치 않는데
봄이 오나 싶더니 초여름이네
긴긴 겨울에서 벗어나
기다린 봄을 만끽하려 했는데
적어도 따사한 봄볕만이라도
진달래 곁에서 즐기고 싶었지
이리도 여름을 끌어당길 줄은
그럼 그 초여름의 신비한 맛을
즐기자 했는데
방안에서는 에어컨이 돌아가니
소식도 없이 한 여름이 온거야

하기야
벌써 청년이 되고
벌써 중년되어 직장에서 밀려났고
벌써 초로의 인생이 되어
벌써 죽음을 생각하게 되었는데
계절의 이른 변화쯤이야
넉넉하게 받아들이자

그러니 기회를
순간포착의 기지를 발휘하여
붙잡으라는
일분일초도 헛되이 쓰지 말고
알차게 살아보라는
신의 계시일거야

이젠 그 뜻을 알겠지
그런데 벌써 깨달았어야지

60
옥상에 누워

탁 트여
눈에 보이는 만큼
하늘이
온통 내 품에 안긴다

바람이면 바람
따사한 봄볕이면 봄볕
다 쏟아놓고
뒤돌아보지 않는다

내가
하늘 아래 살고 있구나
아 그래
내가 하늘 아래 있었어

이토록
많은 것 받고도
고마운 줄 모르는 심보
하늘 아래서 살아간다

61
환희

매년
보는 풍경이건만
초봄에 피는 꽃 앞에서
호들갑 떨며 감격하는 이유는
무엇일까

긴
겨울바람 맞으며
웅크렸던 가슴 펴고
목 길게 빼고 희망을 기다렸기에
우리에게 내리는 은총일까

속은
사실 떨리는데
얼굴은 홍조를 감출 수 없고
서 있는 내 가슴은 쿵쾅 거린다
터질 환희가 가까이 온 징조다

62
낚시

순간 수면에서 자유 하는
수면 위로 튀어 오르는 그 몸매
전율을 느끼며 쏘아보다가
희망을 다시 걸고
깊은 침묵의 세계로 빠져간다

다시 걸고 긴 낚싯대를 들고
힘껏 수면 위로 휘두른다
제발 걸려들라 읊조리며
찌에만 아예 눈을 맞추는데
옆집 망에 든 물고기 퍼덕인다

63
갈대 숲

갈대 사이사이
누군가 보이기를
기왕이면 묘령의 여인이
지나는 것이 보이기를
얼핏 바라는 것은
외로운 나그네 인생임을
알리는 것일까

조금만 바람이 일어도
스산하게 소리를 내고
서로 부딪는 소리도
심란하게 들리는 것이
외로운 인생
나는 나그네임을
내지르는 외침일까

64

배꽃 아래서

배나무 그늘 아래
따가운 봄볕을 가리는
그 향기로운 배꽃 아래서
나는 봄날의 환영幻影 을 본다
봄 처녀 거닐 듯 배꽃 떨어지는 소리
숲의 요정이 이 배나무 골에 소풍 나왔나 싶게
흥에 겨운 듯 소리 소리 소리
배나무 가지사이 뚫고서
하늘로 치솟는 모양이
우리 영혼을 잠시
하늘로 초대하나
봄의 환영에
푸욱
빠져있다

65
심은 대로 거두리

긴긴 겨울 밤
한 올 한 올 풀어내어
엮고 엮어서
긴 겨울 밤 묶어두고
한숨을 낱낱이 희망으로 바꾸어
봄의 사신 오는가 하여
창에 바싹 대고서 귀기우리며
기다린 대가인가

어느 새
온통 생물의 축제인양
하루살이 나비 벌떼들
풀잎에 이미 거점을 확보한 모습
초여름을 가감 없이 보여준다

겨울에
심은 대로 봄에 거두고
봄에 뿌린 대루 여름에 거두고
잔뜩 버러 쏜이 부은 햇볕이며

그 많은 빗줄기 덕에
가을에는 풍성한 열매 드러낸다

오늘도 만물은
그 이치를 보여 깨우치려는 듯
눈에 보이는 대로 가르친다
심은 대로 거두리
심고 물주고 그리고 거두리

66

구름 위로 날다

옛 신선들은
구름을 타고 다녔다는데
우린 구름 위로 나르다.
손오공이 놀란 눈으로 볼 것 같아
창 너머 은빛 구름위에
시선을 자주 던졌다

땅 밑에서는
생존경쟁의 아귀다툼일지라도
한 배 탄 우린 담소와 기대로
구름 위를 나는
이십 일 세기 신선의 모습
가감 없이 보여주고 있다
마음 한편에
무사 귀국을 기원하면서

제 6 부

인생 경험을 통해

67

그때 가난은 힘이었다

긴 시간 기다려 버스를 타도 불평이 없었고
그것도 아까워 웬만하면 이십 리 길 걸었다
도시락은 더우나 추우나 가지고 다녔다
버스타고 출근하고 자장면 사먹고 이러면
남는 게 없어 다음 달을 눈 빠지게 기다렸다
그때는 자연스럽게 가난이 우리 곁에 있었다

눈이 오나 비가 오나 바람이 부나
반세기 전 여공들이 그렇게 직장을 다녔다
그래도 잘 살아보겠다는 꿈으로 얼굴은 밝고
발걸음은 용수철처럼 가벼워 낡은 자전거로
이 발랄한 아가씨들 뒤 따르기가 힘겨웠다
아무리 생각해 보아도 그때 가난은 힘이었다

눈물에 젖은 빵 먹고 젖은 속옷 입고 있어도
힘들다고 짜증을 내는 사람들은 없었다
가난이 주는 희망을 미래에 연결시켜 놓고는
누구의 간섭도 어느 누구의 눈치도 보지 않고
오로지 앞만 보고 달리는 경주마 같이 뛰었다
그때 가난은 아름다운 것임을 이제 알았다

68

인생순서

오는 순서는 있어도
가는 순서 없다는 말 그대로
갑자기 내게 그 순서가 돌아와
집안의 웃어른이 되었다
결혼을 기다릴 때
번호 탔어 이젠 내 차례야
이랬던 기억 새롭다

결혼순서 받을 때는
하늘을 날 것 같은 기분이었지
그런데 이 순서를 받은 것은
어쩐지 내 것 같지 않아
바꾸려 해도 나서는 이 없으니
그냥 가지고 있다가 부르시면
인생 대령입니다 복창하지
이런 심정이다

그런데 다행히도
은행이나 관공서처럼

딩동 소리와 함께
차례차례 질서를 지켜가며
볼일 보는 것 아니니
오히려 숙제 다 마치고
느긋한 마음으로 기다리자
이렇게 마음먹는다

69

기다림

도무지
이해가 안 되는 상황
기다릴 때는 왜 시간은 정지되는 걸까

친구 만나
한창인 대화 끌 수 없는데
시간을 보면 아쉬움을 보이며 일어선다

기다리다
지칠 때는 이 시간을
늙는 인생에 걸고 싶은 간절함이 있다

그토록
절실하기에 세월을 아끼라 하셨고
긴 시간 쓰도록 날 기다리라 하셨을까

70
출생 出生

나라는 존재가
이 세상에 태어났으니
그것도 인간으로 태어난 그 기쁨을
무엇이라 말할 수 있으랴

온 누리에
조물주에 의하여 존재하는
수천억의 우주 존재의 삼라만상과
더불어 사는 기쁨이라니

계절의 변화와 함께
눈앞에 수시로 바뀌는 변화무쌍의
지구촌 환경을 보는 것만도
무엇이라고 말할 수 없는 희열이다

이 놀라운 기쁨을
어떻게 누리는 존재가 되었을까
이 수수께끼를 풀려면
적어도 부모 앞에 엎드려야지

그 자신의 존재 이유
그 누구도 모른들 어쩌랴 싶다
다만 즐기자 나의 존재와 사명을
오늘 하루도 천년처럼 살자

71
관계

인간은
사회적 동물이라는 말
관계 속에서 이뤄지는데
사람들 사이사이
비집고 들어가 교제하는 것을 보면
참으로 놀랍다

혈연이다
학연이다
지연이다 하며 달라붙다보면
어엿한 덩어리를 이루고
이것이 사회의 축소판인가 싶을 때
또한 흩어져 모습 감추기 바쁘다

이런 일이 반복되면
범죄 집단으로 낙인찍힐 수 있다

72
사상 思想

우리 어려서부터 한 동안
사상계思想界라는 월간지가 있었는데
그 책자를 만들던 분은
안타까운 종말을 맞았지
그 미스터리한 죽음은
아직껏 꼬리를 내리지 못하고
긴 여운을 남기고 있지만

초등학교 입학 전에 맞이한
6. 25 덕분인지는 몰라도
사상思想이라는 말의 영향을 길게
가지고 있는 형편이다
그때는 그 말이 무서웠어
빨갱이 사상思想을 가진 놈들은
수단방법 가리지 않았거든

그 보다 먼저 어머니는
늘 나에게 사상思想은 무섭단다
부모형제 일가친척도 모른다

그러니 넌 사상思想을 갖지 말라
이 교육이 효과가 있었던지
중용中庸의 길로 가려는
나의 인생철학人生哲學은 분명하다

옛 지혜로운 정승의 일화가
이 정신을 보여주는 것 같아
모든 사람은 존귀하며
생각 또한 존중해야 하는데
나의 편견에 의한 판단이
항상 말썽을 일으키지만
나는 늘 사심私心을 버린다

73
약자 편에 선다더니

그래도 세월 좋은 것은
의사와 변호사가 아니겠어
돈과 직결이 되거든
선택의 여지가 없어
병들면 찾아가야하고
죄 지으면 감형을 원하지
그러니
필수 코스지

그래도 처음엔 당당했지
나는 병들어 고통을 당하는
병자를 위해 일생을 바치겠다
선서를 한 몸이기도 하지
의사만 그런 것은 아니지
법학도가 되어
고시의 문을 두드릴 때부터
약자며 사회정의가
항상 입에 오르내렸지
그러나 목구멍이 포도청이라
금세 달라지지 않았던가

탓하자는 이야기가 아니고
짧은 인생 살아가는데
한 번 정한 인생 목표대로 사는
그것이 하도 아름다워
넋두리처럼 한 마디 해봤어

74
말

세상에 귀한 것 많고 많은데
먼저 떠오르는 것 하면
돈이지
그런데 돈 그 소리만 들어도
당신은 넌덜머리가 나지 않던가
괜한 말을 했다 싶기도 하네
어떤 사람은 밤새 돈을 셀 때가
즐겁고 피곤치 않다고 하더니만
그 많은 재산 제대로 세보고
세상을 떠났을까 싶기도 해
일찍 인생을 마쳤거든

그런데 비밀을 말해주지
많고 많은 것 가운데 귀한 것은
귀한 것은 바로 말일세
말 말 말
다시 말하자면 언어
그것 제대로 배워보자고
얼마나 돈을 처들이나
학원가지 과외하지 유학가지 그것도

부족해 방학 중 특별과외하지
그래도 말 제대로 못써먹지
말 한 마디 잘못해
욕 얻어먹는 일 다반사거든

자 여길 봐요
말로 사는 직업이 가장 귀하지
말로 조물주를 경배하고
말로 관계형성하고 소통하며
말로 공동체 이끌어가지
다 말하자면 끝도 없어

딱 한마디 나도 하고 싶은데
인간의 힘은 말에 있다

75
잃을 때 잊을 때

어느 날
허술하게 간수하던 것 잃고서
며칠은 골몰하게 생각했네
잃은 자의 책임이라고는 하지만
다 나 같은 마음인 줄 알았지
나만 가진 병인지는 몰라도
허전하고 분하며
잃은 것에 허탈한 마음을 보태
일주일은 버텼다

잃은 것 말고
잊은 것은 없는가 생각하니
잊은 것이 더 많네
결심 그리고 사랑의 고백
흩어져 휴지통에 들어갈
메모할 때는 중요하다고
생각했던 것들
다 잃어버린 파편들 아닌가

보이는 것에 마음을 쓰고
보이지 않는 것은 그 만큼
관심도 없는 내 마음은
세상 여느 사람들과
전혀 다르지 않으니
나 자신은 생소하진 않지만
배신감에 스스로 눈을 감는다
아무 말 없이

76
신문

벌써 아침 신문이
현관 앞에 차려있다
신선한 아침공기에
갓 찍어낸 잉크 냄새가
코를 자극한다

그래도 펼치면
추한 군상들의 주변머리가
지면을 가득 채우고 있다
죽은 자들
변명하는 불의不義
온갖 몹쓸 짓들을
기자들은 가득 실어 보냈다
그것도 사명인양

신문 배달하는 사람만이
사명감으로
정직으로
똘똘 뭉쳐 있다
오토바이 엔진 소리만큼

77
자판기

우리 살아있는 동안
정답 하나 발견하지 못한다
똑같은 방식대로 하면
그대로 이뤄질 줄 안다

동전 넣고 누르면
공평하게 남이 받는 것처럼
나에게도 떨어진다
우리 삶이 그렇게 되던가

불확실한 세상에서
다른 사람과 같으리라
기대하지만 실은
자판기만 공평하다

방법 같으면 결과도 같은가
다르면 자괴감으로
스스로 무너진다
세상 어수룩하지 않은데

78
새벽 손님

연락이 와
기다리다
또 더 늦는다기에
아침이나 먹고 기다리자
생각하고 있는데
덜컥
약속된 손님이 들어선다

미안하다는 마음
그 얼굴에 잔뜩 쓰고는
환한 미소까지 보낸다 그리고
불쑥 손을 내미는데 뭐가 들려있다
실은 이것 준비하느라 늦었다기에
기다리느라 초조했던 마음이
봄눈 녹듯 사라진다

마음도 함께 받겠어요
살다보니 선물 준비하는 마음
어땠을까 싶어 고마움뿐이다
주고받는 사이가 아니고
마음을 주는 관계이어서

79
언젠가는

널 만나리
널 품에 안으리

그리고
이렇게 속삭이리
널 잊을 수 없었어
세월은 가도 사랑은
늙지 않고
영원히 살아남는 것

널 사랑하리
널 기억하리
널 다시 간직하리
널 언젠가는 만나리

이 기대가
나를 부풀린다

80
잊지 말라

돌아보며 언제 올까
손 흔들던 어머니 모습
버스를 타고 고향이 멀어질수록
허리춤 잡고 잡아당기듯
뭘 놓고 온 기분으로 떠나던
그때를 생각하면
지금은 배은망덕하다
언제 그랬나 싶거든

일가一家를 이루고
나만의 영역에 줄을 긋고
터줏대감이 된 듯 방자함은
근본이 없는 태도 같아
조용히 옛 모습 떠 올리며
나의 뿌리 앞에
고개 숙이고 자숙한다

애비가 되어
사십여 년을 훌쩍 보냈는데

날 여전히 냇가에 홀로 내놓은
어린 아이 같다고 하셨어도
그러려니 하고
보낸 세월이 아깝다
내 새끼도 그런 마음이라면
나 속죄하는 마음으로 용납하리
너도 너 같은 놈 낳아봐라
예언자처럼 그러셨거든

문용길 시집

1 아담과 하와

2 나는 날마다 벗는다(결혼)

3 곁에 누운 아내

4 회상回想

5 나 그대를 사랑하오

6 하나 잃고 둘 얻는 세계로 들어오다